SUFFRAGE UNIVERSEL

ESSAI D'ORGANISATION

D'UN

COMITÉ D'ÉLECTIONS

—

IRRÉGULARITÉ DANS LEUR FORMATION ACTUELLE

Nécessité d'un comité républicain émanant
du suffrage universel,
au milieu de nos luttes intestines
son crédit peut faire renaître l'union
en donnant un guide aux électeurs

*A ceux qui préfèrent les progrès lents et sûrs
aux révolutions subites et instables.*

*Aux amis des idées libérales dont le développement
est favorisé par la forme républicaine.*

BOURGES

TYPOGRAPHIE ET LITHOGRAPHIE DE H. SIRE

2, Rue des Armuriers, et Cour de l'Oratoire

—

1885

BOURGES — IMPRIMERIE H. SIRE

SUFFRAGE UNIVERSEL

ESSAI D'ORGANISATION DES COMITÉS D'ÉLECTIONS

> La meilleure politique est celle qui assure le triomphe de la raison sur la passion en favorisant les intérêts généraux contre les intérêts personnels.

EXPOSÉ

Introduction prématurée du suffrage universel. Son acclimatation. — Le suffrage universel a été établi en 1848 comme par surprise, la France n'y était pas préparée ; c'est cependant une conquête définitive, que tous les partis acceptent comme base de nos institutions libérales. Après trente années, les mœurs n'y sont pas faites, son application offre bien des difficultés et on se désespère au spectacle turbulent de la période électorale.

Dans un Etat démocratique, la parole est à tous, je demande toute l'indulgence en soumettant à mes concitoyens quelques idées qui me semblent pouvoir servir à son acclimatation.

Vices dans son application, garanties insuffisantes dans la production des candidatures. — Jusqu'à présent les candidatures se produisent sans garanties suffisantes au point de vue du patronage, la formation des comités d'élections prête à la critique. Il est regrettable de voir des citoyens sans autorité, produire des candidatures hasardées, séduire les masses par des promesses irréfléchies, remporter des succès de surprise par des moyens peu consciencieux et souvent inavouables. Il est vrai que les choses se passent plus régulièrement bien souvent, mais *toujours* les comités de patronage se forment sous les inspirations intéressées, sinon des candidats, au moins de leur entourage, et ils ne se recommandent pas au public par un crédit suffisant ; à côté des intérêts généraux mis en avant, les intérêts particuliers occupent une place exagérée.

Y a-t-il des mesures à prendre pour que la sincérité des élections, soit mieux garantie, quand il s'agit de candidats, au sujet desquels l'opinion de la majeure partie des électeurs n'est pas suffisamment éclairée ? nous le croyons.

Le public n'est pas renseigné sur le mérite des candidats, la masse des électeurs n'est pas au courant des affaires publiques, et les mieux intentionnés ne savent où aller chercher des conseils désintéressés. Les trouveront-ils dans les journaux, qui poursuivent une polémique souvent trop passionnnée ? non ; plus la presse locale se rapproche de l'électeur, plus la vérité se dérobe ; les comités qui patronnent les candidats sont établis dans de telles conditions qu'ils ne peuvent inspirer confiance.

Comités des élections, leur formation incorrecte. — Il se forme d'abord, à l'appel ou sous l'inspiration de candidatures intéressées, un comité d'initiative qui choisit, sur les listes étudiées des électeurs, un certain nombre jugés favorables et convoqués dans une réunion privée ; sur 5,000 électeurs du parti, on en a peut-être convoqué 1,500, sur les 1,500, 300 sont venus ; ce sont les zélés, les uns par intérêt, les autres par sympathie politique ou personnelle, d'autres par obligation ; car, si les candidatures inspiratrices se dérobent, elles sont parfaitement connues de tout le monde, c'est le secret de Polichinelle : ces trois cents électeurs pleins de bon vouloir vont se prononcer ; ils ont été convoqués pour nommer les membres du comité des élections ; qui pourront-ils bien nommer ? Ont-ils apporté dans leur poche une liste de citoyens ? Ils n'ont pas pris ce souci, le comité d'initiative le sait très-bien, il connaît leurs intentions bienveillantes et la liste est soumise à cette assemblée et sur le champ acclamée ; en deux heures, le temps d'écrire, tout est fini.

Ces comités sont arbitraires et personnels. — Ne voit-on pas que, dans cette manière d'agir, l'arbitraire se révèle depuis le commencement jusqu'à la fin, que les candidatures inspiratrices se sont assurées à l'avance du comité des élections, que ce même comité des élections, aussi fidèle que la première assemblée, s'empressera de ratifier la liste des candidats. Le vice de cette procédure, c'est la *personnalité* ; l'opinion publique n'a pas été consultée loyalement, on s'est adressé à une partie infime et l'on a préparé la réponse. On s'est si peu préoccupé d'être proposé par un organe autorisé que d'autres ambitions se produiront dans le même parti, par les mêmes moyens et réussiront de la même manière ; partout même spectacle, partout même vice d'origine.

Conséquence, désordre. — Dans tous les partis, par les mêmes subterfuges, les intérêts personnels viennent solliciter les électeurs ; on entre bientôt en lutte, chacun veut diminuer son adversaire à son profit, c'est une compétition générale dans tous les sens, le désordre est à son comble ; il semble que le peuple, appelé à se gouverner, ne peut réaliser cet idéal qu'en traversant le tumulte des passions orageuses !

Atteinte à la prospérité : attaque facile des adversaires contre le suffrage universel. — Ce désordre passager cessera avec les élections, mais il laisse de fâcheux souvenirs et les adversaires de nos institutions vont s'en servir contre nous ; mieux vaut, disent-ils, renoncer au suffrage universel que de subir de pareilles épreuves, les affaires diminuent, la prospérité est atteinte, le peuple souffre, nous allons aux abîmes, vite au remède ! Le principe du gouvernement démocratique est mis en question sous prétexte de rendre plus heureux le peuple qu'il doit régénérer !

Telles sont nos souffrances, qui semblent résulter de l'exercice de nos libertés, quand elles ne sont produites que par la compétition désordonnée des intérêts personnels.

Cause du mal : défaut d'organisation. — La cause du mal ne tient pas au suffrage universel dans son essence, mais au défaut d'organisation dans son application. Sans doute, il faut que les candidatures se produisent en toute liberté, mais il faut aussi découvrir un moyen de mettre en évidence leur mérite et que ce moyen soit persuasif pour la masse des électeurs avides d'être renseignés par d'autres arguments que ceux mis en avant par des intérêts personnels ; il n'est pas prudent d'abandonner l'arène politique à ces luttes désordonnées et hasardeuses, sans essayer de faire intervenir les représentants autorisés de l'intérêt général, appelés, en donnant leurs jugements, à dominer le tumulte et à rallier tous les bons vouloirs. Comment faire ?

Le législateur ne pouvait pas organiser sans nuire à la liberté. — On se demandera d'abord pourquoi le législateur n'a pas réglementé la période orageuse des élections ? parce que toute réglementation serait une atteinte à la liberté. Il a pensé avec raison, que l'expression de la volonté nationale était l'arche sainte à laquelle il ne faut pas mettre la main. Le pouvoir se tient sur la réserve ; malgré toutes ses craintes, il est forcé d'assister impassible à toutes les évolutions pour recueillir religieusement une volonté laborieusement enfantée, qui inspire le respect, parce qu'elle est *librement* exprimée.

Essai d'organisation par les électeurs. — Mais, si le gouvernement agit justement avec tant de prudence, les citoyens ont toute liberté d'action ; ils peuvent s'entendre sur les moyens d'échapper aux entreprises des intérêts particuliers qui abusent des libertés publiques pour leurs satisfactions ; ils peuvent, usant des mêmes libertés avec plus de sagesse, établir une procédure qui permette de connaître d'une manière précise, au milieu des compétitions intéressées, quelles sont les préférences de l'opinion publique et porter ces préférences à la connaissance de tous les électeurs.

Création d'une commission indépendante. — Cette procédure consiste dans la création d'un comité d'élections non pas choisi arbitrairement par les candidatures intéressées, mais par les représentants autorisés de l'opinion publique, investis de son estime, relevant d'elle et jouissant en politique du plus grand crédit par le fait de leur origine : il s'agit, en un mot, d'un comité nommé par les élus du suffrage universel.

Les élus appelés à sa création. — Les élus du suffrage universel sont connus : ce sont les sénateurs, les députés, les conseillers généraux, les conseillers d'arrondissement, les conseillers municipaux : si nous supposons que le parti républicain ait pu réunir tous les élus républicains et leur ait demandé de choisir parmi eux le comité des élections, il est bien évident que nous aurions obtenu par ce moyen l'expression la plus fidèle du suffrage universel, ce comité serait le plus autorisé pour juger les candidatures, son patronage serait le plus puissant parce qu'il agirait en quelque sorte comme *émanation du suffrage universel* auprès du *suffrage universel*.

Sans doute, après son installation, tous les candidats d'un parti ne voudront pas se soumettre à son jugement, beaucoup préféreront rester maîtres de la direction de la campagne électorale, mais d'autres préféreront se décharger de tout souci en déposant leur profession de foi, sans se soumettre à des démarches qui laissent rarement intactes la dignité et l'indépendance ; c'est l'espérance de cette clientèle, non la moins bonne, qui doit décider de l'organisation de notre commission.

ORGANISATION

Comité d'initiative. — On y procèdera par les moyens ordinaires ; il s'agit de former d'abord le comité d'initiative composé de citoyens qui se sont volontairement réunis pour préparer le triomphe de leurs convictions politiques indépendamment de tout intérêt personnel, ils ne s'adresseront pour la composition ultérieure des comités d'élections qu'à des personnes indiquées par le suffrage universel et partageant leurs idées politiques. C'est ce caractère *impersonnel* qui différencie notre comité d'initiative de ceux dont nous avons parlé plus haut.

Attributions. — Le comité d'initiative réside au chef-lieu du département, doit établir des correspondants dans chaque canton afin d'être renseigné sur les convocations des élus, déterminer les personnes à réunir, l'heure et le jour des convocations, assister à l'élection des délégués, fixer le jour de la réunion des délégués au chef-lieu de département ; après le choix de la liste des candidats patronnés, faire toutes conférences et communications, envois des circulaires et bulletins.

Correspondants cantonaux. — Le choix des correspondants cantonaux destinés à remplacer les comités de canton dont l'organisation serait tardive doit être fait avec la plus scrupuleuse attention, ils constituent un des rouages les plus importants de l'organisation.

Le rôle de ce comité, au chef-lieu de département, n'est pas moins considérable : c'est là que se concentre la direction des opérations, envois de membres dans les cantons pour la convocation des assemblées cantonales, rédaction des circulaires aux correspondants, convocation des délégués qui composeront le comité départemental, faire parvenir à ce comité toutes les professions de foi des candidats publiées, convocation des délégués, procès-verbaux des délibérations, publication de la liste des candidats patronnés, rédaction du journal, circulaires, conférences, envois de bulletins pour le soutien des candidats patronnés.

Le règlement des dépenses de l'élection sera arrêté par le comité départemental, le comité d'initiative et les candidats patronnés ; on décidera de quelle manière s'effectueront les recettes, mais il paraît nécessaire que le comité d'initiative prenne la responsabilité de toutes les dépenses faites jusqu'au jour de la convocation du comité départemental, sauf à réclamer ultérieurement le remboursement. Il s'agit de mesures d'énergie et de dévouement, rien de possible si le concours de tous les bons vouloirs à une œuvre de conciliation et de patriotisme n'est pas accompagné du concours financier.

Assemblées des élus au canton.— Les convocations sont adressées par le comité d'initiative, afin de nommer les délégués qui composeront la commission départementale.

Lieu de la convocation.— Pour être moins à charge, on choisira le chef-lieu de canton, un jour de marché, à deux heures du soir, après la terminaison des affaires. Les élus ne peuvent pas être obligés à un déplacement dispendieux ; tous viendront sans peine au marché du chef-lieu de canton, c'est un voyage habituel, ils y viendront surtout si l'heure n'est pas gênante.

Elus convoqués. — Les députés et sénateurs seront membres obligés de la commission départementale ; il n'est pas nécessaire de les convoquer au canton. Les conseillers généraux et ceux d'arrondissement pourraient être également dispensés, comme membres désignés de la même commission départementale. Les élus convoqués à l'assemblée cantonale seraient les maires et adjoints du canton, les conseillers municipaux du chef-lieu de canton ; quant aux conseillers municipaux des communes rurales, il s'élève une difficulté sérieuse ; les opinions politiques n'ont pas pénétré bien avant dans les campagnes, un grand nombre de conseillers municipaux. n'ont pas d'opinion politique, comment pourrait-on en faire le pointage ? il convient de ne pas établir de règle et de s'en rapporter à la sagesse du comité d'initiative qui s'éclairera des conseils des correspondants cantonaux ; s'il importe que l'opinion républicaine soit représentée d'une .manière complète, n'est pas moins nécessaire de n'appeler que des hommes dont les opinions sont bien déterminées. — A quoi serviraient des votes qui ne seraient pas dictés par des sympathies républicaines, quand il s'agit de défendre l'intérêt du parti ? Il semble, du reste, que toutes les nuances doivent être comprises dans la convocation, car il s'agit de l'intérêt du parti en général. Quelles que soient les dissidences, les chances d'arriver à la conciliation seront augmentées par une invitation générale. Convoquera-t-on au canton les délégués sénatoriaux ? Un grand nombre y viendront comme maires ou adjoints. Comme délégués sénatoriaux, ils ont déjà voté contre certains candidats qui se retrouveront aspirants à la Chambre des députés. Peut-être serait-ce un inconvénient ? Question réservée.

Les membres du comité d'initiative devront étudier, avec les correspondants cantonaux, la liste des élus dans chaque canton, afin qu'aucun républicain ne soit omis dans les convocations ; il est également important de ne pas convoquer des adversaires pour ne pas faire fausse route dans l'élection des délégués. Il s'agit d'une représentation complète et fidèle de tout le parti républicain.

Commission départementale des élections, composition.— Elle se composera des sénateurs et députés (non candidats), des conseillers généraux et conseillers d'arrondissement, membres de droit (50 membres environ), des délégués élus par les assemblées cantonales, au nombre de 70, c'est-à-dire un délégué par 5,000 habitants, en tout 120 environ ; il convient d'y joindre les membres du comité d'initiative comme juste récompense de leurs efforts dans l'organisation ; leur tâche d'ailleurs n'est pas finie, ils auront à soutenir les candidats patronnés ; ouvriers de la première heure, ils sont destinés à rester sur la brèche jusqu'au verdict du suffrage universel. Rien ne s'opposerait, du reste, si la commission départementale ·le juge préférable, de conserver intact le caractère d'élus du suffrage universel, en ne donnant que voix consultative, quand il s'agira d'arrêter la liste des candidatures patronnées, comme aussi de s'adjoindre, outre le comité d'initiative, un certain nombre de notabilités républicaines : l'important est de conserver dans les membres présents une forte majorité aux élus ; tout candidat serait exclu de cette commission.

Date de sa réunion. — Le comité départemental se réunira au chef-lieu du département, à une époque telle que toutes les professions de foi auront pu se produire et assez tôt pour qu'il soit possible de faire connaître au corps électoral la liste des candidats patronnés, en les soutenant par tous les moyens de publicité et de persuasion.

Choix des candidats patronnés. But : intérêt général du parti. — Ce choix des candidatures est l'opération capitale de toute la procédure ; la commission départementale, dépositaire de la confiance du parti, ne mettra en avant aucune candidature, elle les jugera toutes. Elle étudiera les professsions de foi qui lui seront soumises, même celles qui seraient publiées en dehors, elle donnera son patronage à ceux qu'elle croira les plus méritants, alors même qu'ils ne l'auraient pas sollicité. Il s'agit d'établir un comité de contrôle au point de vue des intérêts généraux du parti républicain, se désintéressant absolument des questions de personnes. Après ce choix, le comité de contrôle devient un comité de patronage aussi énergique qu'il est désintéressé.

Ratification des pouvoirs du comité d'initiative. — La commission départementale ratifiera les pouvoirs que le comité d'initiative s'est attribués, ainsi que ceux des correspondants cantonaux, ou remplacera par d'autres républicains de son choix. A partir du jour de la convocation, la commission départementale prend en mains la direction de l'élection et le comité d'initiative n'agit qu'en son nom ; il n'avait été qu'organisateur, toutes les mesures n'avaient pour but que de constituer la commission départementale ; après le choix des candidatures patronnées, son rôle change, le comité d'initiative devient militant, il se dévoue au triomphe des candidats choisis, par des conférences organisées dans les cantons, par la rédaction de circulaires et écrits périodiques, par la distribution des bulletins de vote, l'affiche des professions de foi et toutes autres mesures jugées utiles.

Résumé. — En résumé : 1º *Comité d'initiative* prenant les mesures nécessaires pour réunir les assemblées des élus aux chefs-lieux de canton, obtenir d'eux la désignation des délégués à la commission départementale, convoquer au chef-lieu de département ces délégués, former la commission départementale des élections, obtenir d'elle la ratification et la continuation de ses pouvoirs modifiés ; de comité d'organisation il devient comité d'action relevant de la commission départementale, seule directrice des élections. Après la formation de la liste des candidatures patronnées, il se consacre à sa défense dans les conférences, journaux et écrits publics, la distribution des bulletins, il rédige et envoie les circulaires, fait placarder les affiches.

2º *Correspondants du comité d'initiative.*—Ils sont choisis par lui et l'aident dans tous ses efforts pour organiser et faire triompher le choix de la commission départementale ;

3º *Assemblées cantonales des élus.*— Elles se réunissent au chef-lieu de canton sur la convocation du comité d'initiative, un jour de marché, à deux heures du soir, elles nomment un délégué par 5,000 habitants. Les convocations ont lieu dans tout le département. En font partie : les maires et adjoints du canton, les conseillers municipaux, tous appartenant au parti républicain.

4º *Commission départementale des élections.*— Elle se compose de membres élus par l'opinion républicaine, savoir : sénateurs, députés, conseillers généraux, conseillers d'arrondissement, délégués cantonaux, membres de la commission d'initiative avec voix consultative ou délibérative et, s'il y a lieu, autres notabilités républicaines, de manière à donner aux élus présents les trois quarts des voix.

Tel est le projet d'organisation que nous soumettons à l'appréciation de ceux qui sont désireux d'établir un peu d'ordre dans la confusion, une direction raisonnée à la place du hasard des luttes passionnées et aveugles, et d'obtenir, par une consultation réfléchie du suffrage universel, le triomphe des convictions honnêtes qui distinguent le grand parti républicain.

RÉSULTATS DE LA PROCÉDURE

Désintéressement. — Pourquoi les républicains patriotes n'iraient-ils pas chercher des hommes tout désignés par les suffrages de nos concitoyens ? Pourquoi, quand ils ont un moyen si sûr et pour le renseignement sur les plus dignes et pour le succès des élections, n'y auraient-ils pas recours ? Candidats républicains, pourquoi négligeriez-vous le patronage de ces concitoyens respectés ? Ne voyez-vous pas que les électeurs appelés au vote apercevront, dans votre conduite, le mobile de l'intérêt personnel, si vous vous entourez d'hommes à votre discrétion ? Croyez-vous grandir dans l'estime publique en accordant votre préférence à une activité malsaine et à l'intrigue, quand vous pourriez si bien connaître l'opinion républicaine représentée par les élus ?

Renaissance de l'union dans le parti républicain par un moyen de procédure. — Cette consultation patriotique a un autre avantage bien fait pour séduire les hommes de paix et de conciliation ! elle fait renaître les forces diminuées par les rivalités intestines, elle crée en l'imposant l'union à laquelle les républicains ont un si grand intérêt, car la liste recommandée par le comité, émanation directe du suffrage universel, se distinguera de toutes les autres par son crédit de bon aloi : c'est l'opinion républicaine condensée, éclairée et respectée, qui signe cette apostille au suffrage universel, ce sont les chefs les plus autorisés de la famille républicaine qui font la recommandation.

Avantage de cette procédure pour le parti républicain. — La procédure que nous proposons peut être adoptée par tous les partis, dans l'intérêt du bon ordre et de la loyauté, mais elle est particulièrement favo-

rable au parti républicain, qui a à lutter contre des in-
fluences redoutables et toutes les puissances du passé.

Ses avantages de popularité sont incontestables depuis les dernières élections, il lui importe de rallier
toutes les forces de l'opinion républicaine sous un puissant patronage qui puisse assurer son triomphe.

Reprenons la devise de 1848 : L'UNION FAIT LA FORCE.

RÉFUTATION DES OBJECTIONS

**Pas de division nouvelle. La commission de
patronage ne lance aucune candidature, elle fait
son choix parmi celles produites.** — Ne criez pas à
une division nouvelle : Il s'agit tout simplement d'un
moyen de procédure, on ne met en avant aucune candidature ; si notre commission en patronne certaines qui
sollicitent son appui, elle ne les crée pas, et elles se
seraient produites en dehors d'elle et sans elle. Son
action s'étendra en dehors. Les candidats qui ne lui
demanderont rien, s'ils sont méritants, peuvent être
patronnés : son opinion magistrale, en s'élevant au-
dessus des passions et des intérêts personnels, rétablira
l'ordre au milieu de la tempête, son estampille respectée sera le criterium de l'opinion publique.

**Aristocratie du suffrage universel, non pour
nommer, mais pour renseigner en patronnant.** —
On a prétendu que nous formerions une féodalité op-
pressive anti-démocratique ! Cette féodalité respectable,
aristocratie émanée du suffrage universel, supportera
bien la comparaison avec l'aristocratie que vous créez
pour le soutien de vos intérêts. Comment serait-elle
anti-démocratique, elle qui est sortie du peuple ? C'est
bien plutôt votre comité de patronage, expression de

vos visées personnelles, qui est anti-démocratique ! Ne cherchez pas ces comparaisons, elles tourneraient contre vous au point de vue de la conciliation républicaine, du désintéressement et de la loyauté ! L'infériorité de vos moyens est mise en pleine lumière. Tout comité particulariste ne peut travailler que pour des intérêts personnels, c'est dans sa nature, dans son origine ; notre commission des élections travaillera non pas pour des individualités, mais pour le parti républicain tout entier ; c'est une procédure protectrice des intérêts généraux.

Association électorale du Calvados. — Enfin on nous a accusé de n'être pas pratiques ; nous le sommes si bien que ce que nous proposons vient d'être adopté dans le département du Calvados par *l'Association électorale*, qui s'est installée, avec son organisation permanente et un budget, pour le soutien de ces idées.

CONCLUSION

Pourquoi n'en ferions-nous pas autant dans le département du Cher ? Que les républicains partisans de cette procédure s'entendent, qu'ils forment un comité d'initiative, qui se mettra à l'œuvre immédiatement, afin d'assurer le triomphe dans la lutte qui se prépare. Leur union mettra en œuvre les avantages qui appartiennent encore au parti républicain sur l'opinion publique et paralysera les efforts menaçants des partis monarchiques coalisés et soutenus par toutes les autorités du passé.

Toutes les adhésions seront reçues à Bourges, rue Peschereau, 3, à l'adresse du signataire.

Ch. BARBÉRAUD
Licencié en droit, ancien Archiviste du Cher.

Nous prions MM. les Journalistes qui jugeront utile de nous répondre, de transmettre à la même adresse les numéros dans lesquels la proposition de procédure électorale aura été examinée.